BEI GRIN MACHT SICH IHR WISSEN BEZAHLT

- Wir veröffentlichen Ihre Hausarbeit, Bachelor- und Masterarbeit

- Ihr eigenes eBook und Buch - weltweit in allen wichtigen Shops

- Verdienen Sie an jedem Verkauf

Jetzt bei www.GRIN.com hochladen und kostenlos publizieren

Silvia Franzus

Nick Hornbys "About A Boy" - Ein Roman und seine Verfilmung

Vergleich uns Interpretation des Romans mit der gleichnamigen Literaturverfilmung

GRIN Verlag

Bibliografische Information der Deutschen Nationalbibliothek:

Die Deutsche Bibliothek verzeichnet diese Publikation in der Deutschen National-bibliografie; detaillierte bibliografische Daten sind im Internet über http://dnb.d-nb.de/ abrufbar.

Dieses Werk sowie alle darin enthaltenen einzelnen Beiträge und Abbildungen sind urheberrechtlich geschützt. Jede Verwertung, die nicht ausdrücklich vom Urheberrechtsschutz zugelassen ist, bedarf der vorherigen Zustimmung des Verlages. Das gilt insbesondere für Vervielfältigungen, Bearbeitungen, Übersetzungen, Mikroverfilmungen, Auswertungen durch Datenbanken und für die Einspeicherung und Verarbeitung in elektronische Systeme. Alle Rechte, auch die des auszugsweisen Nachdrucks, der fotomechanischen Wiedergabe (einschließlich Mikrokopie) sowie der Auswertung durch Datenbanken oder ähnliche Einrichtungen, vorbehalten.

Impressum:

Copyright © 2010 GRIN Verlag GmbH
Druck und Bindung: Books on Demand GmbH, Norderstedt Germany
ISBN: 978-3-656-22401-3

Dieses Buch bei GRIN:

http://www.grin.com/de/e-book/196356/nick-hornbys-about-a-boy-ein-roman-und-seine-verfilmung

GRIN - Your knowledge has value

Der GRIN Verlag publiziert seit 1998 wissenschaftliche Arbeiten von Studenten, Hochschullehrern und anderen Akademikern als eBook und gedrucktes Buch. Die Verlagswebsite www.grin.com ist die ideale Plattform zur Veröffentlichung von Hausarbeiten, Abschlussarbeiten, wissenschaftlichen Aufsätzen, Dissertationen und Fachbüchern.

Besuchen Sie uns im Internet:

http://www.grin.com/

http://www.facebook.com/grincom

http://www.twitter.com/grin_com

1. Informationen zum Autor Nick Hornby

Nick Hornby, der Autor vieler britischer Bestseller, wurde 1957 in London geboren, was auch der Handlungsort seiner meisten Werke ist. Als er elf Jahre alt war, ließen sich seine Eltern scheiden und er blieb bei seiner Mutter. Dies verarbeitet er offensichtlich in seinem Werk „About A Boy", da es auch hier um alleinerziehende Mütter geht; allerdings streitet Nick Hornby diese Parallele ab[1]. Später studiert er Englisch an der Universität in Cambridge und wird Lehrer. Nebenbei arbeitet er als Drehbuchautor und erfolgreicher Journalist bei verschiedenen Zeitungen und Zeitschriften, schreibt Kolumnen und Musikrezensionen. Bereits sein erster Roman „Fever Pitch" (dt. „Ballfieber") aus dem Jahr 1992 wird ein Bestseller. Weitere literarische Erfolge schreibt er unter anderem 1995 mit „High Fidelity" und 1998 eben mit „About A Boy". Alle diese drei Werke wurden verfilmt.

Seine Bücher handeln meist von Männern mit relativ hohem Lebensstandard, die ihre Zeit damit verbringen, ihren Hobbys nachzugehen[2]. Ihr Alltag ist stets ausgefüllt mit so banalen Dingen wie Zeitungen und Zeitschriften lesen, Friseurterminen, fernzusehen, in Plattenläden stöbern, Musik hören und ständig wechselnden Beziehungen. Außerdem haben sie gemein, Probleme mit dem Erwachsenwerden zu haben und keine langfristigen Bindungen in ihrem Leben eingehen zu wollen. Hornby selbst ist der Meinung, „Erwachsen zu sein, [sei] ja nicht besonders attraktiv. [...] Leute, die wirklich erwachsen sein wollen, [seien] oft enttäuschend langweilig - und [hätten] wenig Sinn für Humor"[3]. Des Weiteren zeichnen sich Hornbys Romane durch einen „humorvollen, leichten Stil"[4] aus, welcher einen Hauch von britischem Humor hat.

Die Tatsache, dass die Protagonisten alltägliche Figuren sind und dieselben Wünsche und Probleme haben wie der Leser, lässt eine leichte Identifikation zu, „kennt er doch vielfältige Formen von Erwartungsdruck und Versagensängsten, Identitätskrisen und Sinnzweifeln aus eigener Erfahrung"[5]. Auch die Regisseure geben zu, dass sie „eine Reihe [von] [...] Parallelen zu [...][den beiden Haupt]charakter[en]"[6] haben. Ebenso weist Hugh Grant eine ähnliche Persönlichkeit wie der von ihm dargestellte Protagonist Will auf[7]. Der Dreh des Filmes wurde im Gegensatz zu „High Fidelity" in London belassen, was „About A Boy", trotz amerikanischer

---

[1] Vgl. N. N.: *FAQ*; Penguin Books LTD; http://www.penguin.co.uk/static/cs/uk/0/minisites/nickhornby/faq/index.html; abgerufen am 01.11.2010
[2] Vgl. Amend, Christoph und Lebert, Stephan: *Ich denke viel Unsinn*; In: Die Zeit 20/2005 vom 11.05.2005; zitiert nach: http://www.zeit.de/2005/20/Interview_2fHornby_20; abgerufen am 03.10.2010
[3] Ameri-Siemens, Anne: *Im Gespräch: Nick Hornby ‚Dass ich Autor wurde, liegt nur an Frauen'*; Süddeutsche Zeitung; 26.08.2009; www.sueddeutsche.de/kultur/im-gespraech-nick-hornby-dass-ich-autor-wurde-liegt-nur-an-frauen-1.174725; abgerufen am 01.06.2010
[4] Peters, Christoph M.: *Interpretationshilfe Englisch – About A Boy*, o. O., Stark Verlagsgesellschaft, 2008, S. 6
[5] Ellenrieder, Kathleen: *Lektüreschlüssel Nick Hornby About A Boy*, Stuttgart, Reclam, 2006, S. 49f.
[6] About A Boy, Chris und Paul Weitz, Großbritannien, 2002, Audiokommentar der Regisseure Chris und Paul Weitz; 01:11:45; (Es wurde der deutsche Untertitel verwendet.)
[7] Vgl. Lang, Bianca: *About a Boy: Hugh Grant in seiner Paraderolle*; Stern; http://www.stern.de/kultur/film/about-a-boy-hugh-grant-in-seiner-paraderolle-278249.html; veröffentlicht: 20. 08.2002 18:39 Uhr; abgerufen am 28.09.2010 und Beyer, Susanne und Wolf, Martin: *Mir fehlt der Abschaltknopf*; In: Der Spiegel 33/2002 vom 12.08.2002; zitiert nach: www.spiegel.de/spiegel/print/d-23786338.html; abgerufen am 28.6.2010

Regisseure, in Kombination mit der besagten Identifikationsmöglichkeit authentischer macht[8].
Diese Authentizität macht das Werk für eine genauere Betrachtung interessant.

2. Vergleich des Buches „About A Boy" mit dem gleichnamigen Film

2.1. Vergleichende Inhaltsangabe

2.1.1. Inhalt des Buches

Der Roman „About A Boy", dessen Geschichte im Herbst 1993 beginnt und in London spielt, handelt von zwei Hauptcharakteren: Marcus Brewer und Will Freeman. Letzterer ist 36 Jahre alt und ihm ist es bisher sehr erfolgreich gelungen, sich jeglicher Verantwortung zu entziehen. Bei einer seiner vielen Beziehungen erkennt Will, wie interessant alleinerziehende Mütter sind und versucht nun über eine Selbsthilfegruppe alleinerziehender Eltern an eine neue Freundin zu kommen. Hierfür erfindet er einen zweijährigen Sohn Ned und seine Exfrau Paula, die ihn sitzen gelassen hat. Sein besonderes Interesse fällt auf Suzie, welche eine kleine Tochter Megan hat.

Der zwölfjährige Marcus ist erst kürzlich mit seiner 38-jährigen Mutter Fiona, einer Freundin von Suzie, nach London umgezogen. Diese scheint mit der Erziehung überfordert zu sein und schließt ihren Sohn von der modernen Welt aus, was oft zu Hänseleien seiner neuen Mitschüler führt. Fiona erkennt Marcus' Probleme aufgrund ihrer Depressionen nicht.

Nach einem gemeinsamen Ausflug finden Will, Suzie und Marcus bei Brewers zuhause die bewusstlose Fiona, die versucht hat, Suizid zu begehen, aber im Krankenhaus gerettet werden kann. Marcus stellt fest, dass Will seinen Sohn vorgetäuscht hat und besticht ihn damit, nichts zu sagen, wenn Will mit Fiona ausgeht, da er glaubt, ein Mann könne seine Mutter von einem weiteren Suizidversuch abhalten. Allerdings hat er in seiner Naivität nicht eingeplant, dass die beiden Erwachsenen keine gemeinsamen Interessen haben. In der folgenden Zeit nähern sich die beiden „Jungen" immer mehr an.

Marcus lernt die drei Jahre ältere Ellie McCrae kennen, welche von den jüngeren Schülern gefürchtet wird. Weil Marcus von Will erfährt, dass Ellie Kurt Cobain verehrt, den Leadsänger der Rockgruppe „Nirvana", behauptet der Junge, Fan von diesem zu sein, um sich so interessant zu machen. Allmählich freunden sich die beiden Jugendlichen an, da das Mädchen an seiner naiven Art Gefallen findet; diese Freundschaft verschafft Marcus bei den anderen Schülern Respekt.

An Silvester verliebt sich Will in die attraktive und alleinerziehende Rachel, welche einen zwölfjährigen Sohn Ali hat. Aufgrund einer missverständlichen Äußerung denkt sie, Marcus sei

---

8 Vgl. Beyer Susanne und Wolf, Martin, a. a. O.

Wills Sohn. Will gesteht bei ihrem nächsten Rendezvous, dass er weder Marcus' leiblicher Vater ist, noch mit ihm oder seiner Mutter zusammen lebt. Rachel gibt zu, dass sie den 36-jährigen für uninteressant gehalten hätte, wenn er ihr nicht von dem Jungen erzählt hätte und dass sie von Wills Engagement begeistert sei.

Bei einer gemeinsamen Zugfahrt mit Marcus verfällt Ellie in Depression, da ihr Idol Kurt Cobain Selbstmord begangen hat. Spontan steigt aus dem Zug aus und entdeckt in einem Plattengeschäft eine Pappfigur des Musikers. Aus Wut schlägt sie die Schaufensterscheibe ein und „befreit" ihr Idol, weshalb die beiden Teenager festgenommen werden und von ihren Eltern und Will auf der Polizeiwache abgeholt werden.

Bei weiteren Unternehmungen stellt Will fest, dass Fionas Sohn selbstständiger und zu einem „richtigen" Teenager geworden ist, weshalb es auch Fiona besser geht. Marcus hat auch Will dabei geholfen, sich altersgemäß zu verhalten und neue beständige Freundschaften zu schließen.

2.1. 2. Inhaltliche Unterschiede im Film

Die Filmadaption, 2002 unter der Regie des Brüderpaares Chris und Paul Weitz entstanden, hält sich sehr an die literarische Vorlage. Der Schwerpunkt des Filmes ist auf die Aussage „No man is an island" gelegt[9], womit der Film auch beginnt und endet. Hiermit soll ausgedrückt werden, dass „man [...] weder [allein], noch mit allen verbunden sein"[10] kann. Somit liegt der Fokus auch auf der Beziehung zwischen Will und Marcus, weshalb Rachel und vor allem auch Ellie sehr stark heraus gekürzt wurden. Dies führt auch dazu, dass Kurt Cobain und Nirvana im Film nicht erwähnt werden. Das Ende des Filmes wurde von den Regisseuren, dem Drehbuchautor Peter Hedges und Hugh Grant – dem Darsteller von Will – völlig neu geschrieben. Bis etwa Kapitel 32 des Buches wurde der Inhalt fast vollständig übernommen.

Das veränderte Ende des Filmes basiert auf der Aussage Fionas, dass Marcus wenn er singt, „Sonnenschein und Glück in [ihr] Leben"[11] bringe, was „schon ein Hinweis auf später [ist], als Marcus aufsteht und für alle singt"[12]. Als in der Schule ein Rockkonzert stattfindet, möchte der Junge die Gelegenheit nutzen und dort „Killing me softly" von Roberta Flack vorsingen, um damit Fiona aus ihrer Depression herauszuholen. Er fragt Ellie, ob sie ihn begleiten möchte; sie erklärt ihm jedoch, dass dies Selbstmord wäre und hofft, er werde daher die Idee aufgeben[13]. Die Regisseure waren der Meinung, „dass dem Publikum die Idee gef[allen könne], dass

---

9 Dt. „Niemand ist eine Insel"; Vgl. About A Boy, Audiokommentar, a. a. O., 00:01:15
10 Ebenda, 00:03:16
11 About A Boy, Chris und Paul Weitz, Großbritannien, 2002, 00:52:00
12 About A Boy, Audiokommentar, a. a. O., 00:52:05
13 Vgl. About A Boy, a. a. O., 01:10:20

Marcus' Auftritt auf dem Konzert ein Reinfall wäre und dass das, was Ellie sagt, auch eintr[ete]. Und dass es ihnen nicht egal [sei], ob das Kind geopfert [werde]"[14].

Inzwischen hat Will Rachel kennengelernt und sie mit Marcus, seinem „Sohn", besucht. Dieses Treffen wird wie im Buch dargestellt. Jedoch nimmt Wills Geständnis, dass er und Marcus nur eine Vater-Sohn-Beziehung haben, jedoch nicht miteinander verwandt seien, eine andere Wendung als im Buch. Anstatt dass Rachel ihm die Lüge verzeiht, wollten die Regisseure Will „größerem Druck aussetzen, damit er in ein richtiges Loch fällt"[15], weshalb die Frau ihm Vorwürfe macht und empört reagiert. Er verlässt sie daher – nachdem er zugegeben hat, dass er „ein wenig leer [und] ein Nichts"[16] sei – und somit „lässt er sich selbst im Stich und verbaut sich seine Möglichkeiten für eine Beziehung. Es ist die Szene, wo er seine Selbstachtung völlig verliert. Er beginnt, sich selbst als wertlos zu erkennen"[17].

Da Fiona wieder einen Heulanfall hat, „was genau das ist, was Marcus am meisten auf der Welt fürchtet"[18], bittet er – wie im Buch – Will um Hilfe. Dieser ist jedoch durch die Trennung von Rachel sehr deprimiert und interessiert sich kaum für die Probleme des Jungen. Außerdem versucht er sich der Verantwortung zu entziehen, indem er, wie in der literarischen Vorlage, erklärt, er könne ihm nicht helfen und wolle es auch nicht, da er ja nicht zu Familie gehöre. Die einzige Möglichkeit, selbst seiner Mutter zu helfen, ist für den Jungen nun, sich für das Schulkonzert einzutragen. Will bittet Fiona, aus Sorge um Marcus nicht Suizid zu begehen, worauf diese erklärt, dass sie dies nicht vorgehabt hätte. Auf Fionas Bitte, sie zum Schulkonzert zu fahren, reagiert er schockiert, da er nichts von dem Auftritt gewusst hatte und erklärt ihr, dass Marcus nicht seine Gefühle preisgebe, wie sie dachte, sondern nur für sie singt. Fiona hält sich für eine schlechte Mutter, da sie ihren Sohn dazu gebracht hat, sich vor seiner gesamten Schule blamieren zu wollen. Er sei „ein ganz besonderer Junge"[19] und ihr deshalb sehr wichtig.

Beim Konzert trifft Will überraschend auf Rachel, da Ali dort ebenfalls auftritt. Will versucht hinter der Bühne Marcus von seinem Auftritt abzuhalten; der Junge möchte jedoch seine Mutter glücklich machen und widmet ihr deshalb auch den Song[20], was ihm bereits Gelächter der Schüler einbringt. Nachdem er zögerlich „Killing me softly" zu singen begonnen hat, kommt ihm Will mit einer Gitarre zu Hilfe und unterstützt ihn beim Singen, was für ihn eine große Überwindung ist, da er Singen für peinlich hält[21]; sie bekommen einigen Applaus vom Publikum. Will singt alleine mit Inbrunst weiter, was Marcus als unangenehm empfindet; der

---

14 About A Boy, Audiokommentar, a. a. O., 01:10:10
15 Ebenda, 01:06:50
16 About A Boy, a. a. O., 01:08:29
17 About A Boy, Audiokommentar, a. a. O., 01:07:00
18 Ebenda, 01:09:30
19 About A Boy, a. a. O., 01:19:25
20 Vgl. Ebenda, 01:24:25
21 Vgl. Ebenda, 00:33:25

Erwachsene wird jedoch ausgelacht und ausgepfiffen. Fiona allerdings ist begeistert von Marcus, Rachel sehr erstaunt über Will.

Beim nächsten Weihnachtsfest sieht Will wie jedes Jahr fern. Jedoch ist dieses Mal seine Wohnung „voller Leute, [...] anstatt voller Gegenstände"[22], worauf er seine Lebensphilosophie, dass er eine Insel ist[23] abändert, indem er feststellt, er gehöre einer Inselkette an und sei unter der Meeresoberfläche mit anderen Menschen verbunden[24]. Dies ist ein Zeichen dafür, dass Will nun viel Unterstützung im Leben und viele Freunde hat. Marcus mit seiner neuen Frisur hat sich ebenfalls gewandelt und ist nun eigenständiger.

Ein weiterer Unterschied zwischen Buch und Film ist, dass Will im Buch 36 Jahre alt, im Film dagegen 38 ist, wohingegen Fiona im Buch 38, im Film jedoch 36 ist.

2.2. Charakterisierung von Will Freeman
2.2.1. Anhand der einführenden Szene zu Beginn der Handlung
2.2.1.1. Personenbeschreibung anhand des Buches

In Kapitel 2 wird Will Freeman erstmals vorgestellt, was einen ersten Überblick über diesen Hauptcharakter bringen soll. So macht er hier zu Beginn einen Psychotest in einer Zeitschrift um festzustellen, wie cool er sei. Dies ist ein Zeichen für den Egoismus, von dem er zu Beginn geprägt ist, welcher jedoch im Laufe der Handlung verschwindet. In der Szene erfährt man unter anderem, dass er bereits Ecstasy genommen hat, „über 40.000 Pfund im Jahr [verdient und] [...] überhaupt nicht dafür arbeiten"[25] muss, ein schnelles Auto hat und sich öfters Männermagazine kauft. Er ist von dem Testergebnis begeistert, laut dem er äußerst cool sei. Im folgenden Gedankenstrom wird Wills Tagesablauf beschrieben, welcher aus „Fernsehen, [...] Videos, [...] Hochglanzmagazine[n] und [...] Plattenläden"[26] besteht, und dass er derzeit gerne Snoop Doggy Dogg und Nirvana hört. Außerdem ist er zufrieden damit, dass er „sich [bisher] [k]ein eigenes Leben auf[ge]bau[t] hat"[27], da es so weniger Chaos in seinem Leben gibt.

Will besucht das befreundete Ehepaar John und Christine, die zwei kleine Kinder haben und in einer äußerst chaotischen Wohnung leben, was Will abschreckt, da ihm Ordnung sehr wichtig ist. Die beiden können es nicht verstehen, dass er „immer noch keine Sehnsucht nach einer eigenen Familie"[28] hat, jedoch findet dieser kein Interesse daran, sich von anderen abhängig zu machen[29]. Er ist schockiert von der Frage der beiden, ob er der Patenonkel ihrer eine Woche

---

22 About A Boy, Audiokommentar, a. a. O., 01:31:30
23 Vgl. Ebenda, 00:01:30 und 00:50:00
24 Vgl. Ebenda, 01:29:40
25 Hornby, Nick: *About A Boy*, München, Knaur Verlag, 2003, S. 13
26 Ebenda, S. 14
27 Ebenda, S. 15
28 Ebenda, S. 16
29 Vgl. Groschwald, Michael: *EinFach Englisch - Nick Hornby About A Boy*, Paderborn, Schöningh-Verlag, 2005, S. 6

alten Tochter werden möchte, also Verantwortung für sie übernehmen will, und lehnt ab, da er sich „nichts Schlimmeres vorstellen"[30] kann.

2.2.1.2. Darstellung in der Filmadaption

Im Film wird die Rolle von Hugh Grant verkörpert, welcher zugibt, sich mit einigen von Wills Charakterzügen identifizieren zu können[31]. Zu Beginn sieht Will, wie sehr häufig, fern. Bei „Wer wird Millionär" wird folgende Frage gestellt: „Wer hat den Satz geschrieben: ‚Niemand ist eine Insel'?"[32] Will beantwortet dies mit „John Bon Jovi. Weiß doch jeder"[33], jedoch ist die richtige Antwort John Donne[34]. Dies ist ein Hinweis auf Wills Charakter, da er sich für sehr gebildet hält, indem er meint, sofort die richtige Antwort geben zu können, jedoch in Wahrheit wohl keine Ahnung hat. Er findet, dass der Satz „kompletter Blödsinn [ist, denn s]einer Meinung nach, lebt jeder für sich allein"[35]. Früher hat es seiner Meinung nach nichts gegeben, was cool wäre, doch jetzt könne man sich sehr einfach ein schönes Leben und dieses zu einem Inselparadies machen. Außerdem „mal[t er sich] gerne aus, dass [er] vielleicht so eine Insel [sei. Er hält s]ich für ziemlich cool, [er hält s]ich für Ibiza"[36].

Die Regisseure haben sich bei dieser „Einführungsszene [darauf konzentriert] [...], Hugh [Grant]s Gesicht erst im allerletzten Moment[37] zu zeigen"[38], was den Eindruck erweckt, er sei „eine Art gesichtsloser Konsument"[39]. Entweder wird sein Körper oder sein Schatten gezeigt oder er wird von oben oder durch ein Aquarium gefilmt, sodass man zu Beginn nicht richtig erkennt, wie Will aussieht. Seine Wohnung sollte so aussehen, als sei sie „aus einer Zeitung oder einer Anzeige entsprungen [...]. Besonders zu Anfang"[40]. Sie ist in Blau und Schiefergrau gehalten, was einen Gegensatz zur lebhaften Inneneinrichtung von Fionas Haus bildet.

Wie im Buch besucht Will seine Freunde und ist dabei sehr verzweifelt, als er ihre Tochter halten soll, da er mit Kindern nichts anfangen kann. Diese Unbehaglichkeit scheint auch deshalb sehr real, da Hugh Grant, der Darsteller von Will, ebenfalls nicht gut mit Kindern zurecht kommt[41]. Christine fragt Will nach dem Sinn seines Lebens, worauf er ironisch kommentiert, dass sein Leben keinen Sinn habe[42]. Auch hier lehnt er das Angebot ab, Patenonkel zu werden, worauf Christine meint, sie habe ihn für tiefgründiger gehalten, er jedoch erklärt, er sei wirklich so oberflächlich.

2.2.2. Entwicklung im Verlauf der Geschichte

---

30 Hornby, Nick, a. a. O., S. 18
31 Vgl. Hedges, Peter; Weitz, Chris; Weitz, Paul: *The Shooting Script - About A Boy*, Newmarket Press, 2002, S. 142
32 About A Boy, a. a. O., 00:01:00
33 Ebenda, 00:01:10
34 Vgl. About A Boy, Audiokommentar, a. a. O., 00:01:10
35 About A Boy, a. a. O., 00:01:30
36 Ebenda, 00:02:15
37 Vgl. Ebenda, 00:03:25
38 About A Boy, Audiokommentar, a. a. O., 00:01:50 und vgl. Hedges, Peter; Weitz, Chris; Weitz, Paul, a. a. O., S. 3, Take 2
39 About A Boy, Audiokommentar, a. a. O., 00:03:35
40 Ebenda, 00:02:17
41 Vgl. Ebenda, 00:04:10
42 Vgl. About A Boy, a. a. O., 00:04:50

2.2.2.1. Die zwei Erzählperspektiven im Buch

2.2.2.1.1. Selbstcharakterisierung Wills

Das Buch wird abwechselnd aus den Sichten von Will und Marcus erzählt, worauf später noch genauer eingegangen werden soll. Hierbei wird Will teilweise unterschiedlich dargestellt, je nach dem ob aus seiner eigenen Sicht oder mittels einer Fremdcharakterisierung.

Er ist ein 36-jähriger bekennender Junggeselle, der wechselnde Beziehungen einer festen vorzieht, da er keine Verantwortung für andere übernehmen möchte und vor festen Bindungen zurückschreckt. Er ist der Meinung, dass er nur so das Leben genießen kann[43]. Dieser Lebensstil zeigt sich auch in seinem Nachnamen Freeman, welcher metonymisch für seinen Drang nach Freiheit und Unabhängigkeit von anderen steht. Diese Einstellung ändert sich allerdings im Laufe der Handlung, da er lernt Verantwortung für Marcus zu übernehmen. Es geht zum Ende des Buches sogar so weit, dass er Sehnsucht nach dem Jungen empfindet, sich für ihn verantwortlich fühlt und ihn vermisst[44]. Diese Verantwortung gibt ihm einen Sinn im Leben und eine Aufgabe, nämlich Marcus' Vertrauensperson zu sein und für diesen zu sorgen, da dessen Mutter diese Rolle nicht ausreichend ausfüllt.

Die Beziehung mit Rachel führt dazu, dass sich sein Drang nach Unabhängigkeit in eine Sehnsucht nach Geborgenheit in einer Beziehung wandelt, er also erwachsen geworden ist. Dadurch „fühlt [er] sich [...] zunehmend angreifbar und orientierungslos"[45] und ist nicht mehr oberflächlich, sondern interessiert sich für die Probleme und Bedürfnisse anderer.

Des Weiteren ist er ein sehr inkonsequenter Mensch, was sich beispielsweise daran zeigt, dass er zwar des Öfteren den Versuch startet, einen Job zu finden, diesen jedoch meist nach kurzer Zeit wieder aufgibt, oder gar nicht erst beginnt[46]. Er begibt sich immer dann auf Jobsuche, wenn er feststellt, dass sein Leben keinen Sinn hat[47]. Diese Einstellung ist ein Beispiel dafür, dass er die Entwicklung zum Erwachsenen noch nicht vollzogen hat[48], wobei er der Überzeugung ist, ein Teenager zu sein[49]. Er ist der Meinung, sein Tagesablauf sei schon ausgefüllt genug, welchen er in 30-Minuten-Einheiten unterteilt, und jeweils eine zum Zeitunglesen, Baden, Aufräumen, Essen, Fernsehen oder Ähnlichem nutzt[50]. Daher fragt er sich, „wie seine Freunde Leben *und* Job unter einen Hut br[ing]en"[51]. Es ist nicht erkennbar, ob Will nach dem Ende der Handlung einen Beruf ergreifen wird.

Des Weiteren zeigt Will eigenartige und oft zur Situation unpassende Reaktionen. Beispielsweise genießt er den Aufenthalt im Krankenhaus und kann „es gerade noch

---

[43] Vgl. Ellenrieder, Kathleen, a. a. O., S.26
[44] Vgl. Hornby, Nick, a. a. O., S. 316
[45] Groschwald, Michael, a. a. O., S. 6
[46] Vgl. Hornby, Nick, a. a. O., S. 87 f.
[47] Vgl. Ebenda, S. 256
[48] Vgl. Ellenrieder, Kathleen, a. a. O., S. 28
[49] Vgl. Hornby, Nick, a. a. O., S. 62
[50] Vgl. Ebenda, S. 86f.
[51] Ebenda, S. 87

vermeiden, sich die Hände zu reiben"[52], da dies endlich einmal eine Abwechslung in seinem sonst sehr eintönigen Leben ist.

2.2.2.1.2. Fremdcharakterisierung durch die Darstellung des zweiten Hauptcharakters Marcus Brewer

Bei der ersten Begegnung von Marcus und Will haben beide ein negatives Bild ihres Gegenübers. Will findet Marcus komisch[53] und zweifelt wegen dessen Erscheinung, dass er ein Teenager ist, da dieser auch keine typisch jugendlichen Interessen hat[54]. Marcus zeigt zunächst „keinerlei Interesse an"[55] Will und möchte auch nicht mit ihm reden[56]. Er durchschaut, dass dieser „trendy Typ [...] hinter Suzie her [ist und kann] [...] den Kerl nicht leiden"[57], hasst ihn sogar wegen dessen Verhalten[58]. Allerdings ist Marcus froh darüber, dass Will ihm hilft sich gegen einen Parkwächter zu verteidigen[59].

Marcus versucht später Will und seine Mutter zu verkuppeln, obwohl er „gar nicht mal sicher [ist], ob er Will [mag] oder nicht, aber [...] er [ist] kein übler Kerl[...], oder ein Säufer oder gewalttätig, also [muss] er genügen"[60]. Jedoch geht Marcus' Plan nicht auf, da die beiden Erwachsenen sich darüber einig sind, dass sie nicht auf einer Wellenlänge liegen. Marcus erkennt, „dass Will ihn viel besser versteht als seine Mutter"[61] und ihm ein Leben wie ein normaler Teenager ermöglichen möchte. Die beiden werden voneinander abhängig, als Marcus Wills Sohn vor Rachel spielen soll. Marcus hingegen fragt Will um Rat, wie er an Ellie herankommen kann, vertraut ihm also seine geheimen Wünsche an und sieht in ihm einen echten Freund[62].

2.2.2.2. Umsetzung im Film

Will nutzt es aus, dass er viel Geld zur Verfügung hat. So fährt er anstatt des Golf GTI aus dem Buch einen Audi TT[63], hat eine sehr modern eingerichtete Wohnung mit viel Technik in der Küche[64] und eine gute Musikanlage[65]. Er geht gerne zum Friseur und nimmt sich dafür auch viel Zeit[66], ist immer sehr modebewusst angezogen und liest Modezeitschriften[67].

Will „wandelt sich von einem egozentrischen, auf oberflächliche Beziehungen beschränkten Mann in [das] völlige Gegenteil"[68]. Es ist ihm bewusst, wie wichtig er für Markus ist und er

---

52 Ebenda, S. 74
53 Vgl. Ebenda, S. 56
54 Vgl. Ebenda, S. 62
55 Ebenda, S. 61
56 Vgl. Ebenda, S. 63
57 Ebenda, S. 68
58 Vgl. Ebenda, S. 68
59 Vgl. Ebenda, S. 68f.
60 Ebenda, S. 95
61 Peters, Christoph M., a. a. O., S. 40
62 Vgl. Ebenda, S. 40
63 Vgl. Ebenda, S. 76 und Vgl. About A Boy, a. a. O., 00:03:30
64 Vgl. About A Boy, a. a. O., 00:01:40 und 00:29:37
65 Vgl. Ebenda, 00:37:30
66 Vgl. Ebenda, 00:30:10
67 Vgl. Ebenda, 00:13:00
68 Peters, Christoph M., a. a. O., S.76

möchte auch gleich bei der ersten Begegnung einen guten Eindruck auf ihn machen, indem er jugendlich wirkt. Er versucht in dieser Szene und auch später, als er ihm Schuhe kauft, mit Markus „High-Five" abzuklatschen, was dieser jedoch ignoriert[69]. Hinzu kommt noch, dass er sich für so cool wie die Insel Ibiza hält und diesen Standpunkt auch verteidigt[70]. Am Ende der Handlung, als er merkt, wie wichtig andere Leute ihm geworden sind – Rachel und Markus - ändert er diesen Standpunkt und ist nun der Ansicht, dass er einer Inselgruppe angehöre und hat somit seinen gesamten Egoismus verloren.

Diese Ich-Bezogenheit zeigt sich zu Beginn in seiner Ansicht, dass „das Leben eines Menschen [...] wie eine Fernsehshow [sei. Er hält sich für den] Star der Will-Show, [welche] nicht aus einem Ensemble, sondern aus Gästen, die [kommen] und [gehen], [besteht. Er ist] der einzige Fixpunkt; es [kommt] auf [ihn] an und nur auf"[71] ihn. Marcus klagt diesen Egoismus an, da Will ihm deshalb nicht helfen möchte, etwas gegen die Depressionen Fionas zu tun. Er erklärt ihm: „Du hast Recht. Du kannst mir nicht helfen. Wie solltest du auch? Du bist ein Blödmann, der rumhängt, Klamotten kaufen kann und fernsieht. Du interessierst dich für niemanden, es interessiert sich aber auch kein Schwein für dich"[72]. Auch Fiona bezeichnet ihn als einen „egoistische[n] Bastard"[73], worauf er entgegnet, es gebe ja niemand anderen in seinem Leben. Fiona stellt dies richtig und erklärt ihm, dass Marcus nun Teil seines Lebens sei, wobei sich „die Beziehung zwischen Will und Marcus am besten als zwischen Mentor und Schüler beschreiben [lässt]. Auch wenn es mehr an zwei Jungs erinnert, die zusammen rumhängen"[74]. Erklären lässt sich Wills Ignoranz gegenüber dieser Beziehung mit dem „kurze[n] Satz: ‚Leute können dich glücklich, aber genauso gut unglücklich machen'. Das ist Wills Philosophie und deshalb scheut er vor Bindungen zurück"[75]. Außerdem ist er der Meinung, er habe keine Ahnung von Kindern und hat deshalb Angst etwas falsch zu machen. Dies ist ein Zeichen seiner „ganz schlechte[n] Selbsteinschätzung. Er sagt genau das, was Marcus hören muss, aber er denkt, er habe es verhauen"[76].

Je mehr Will jedoch mit Rachel zu tun hat, desto mehr verschwindet sein Egoismus. Er wird sogar so angreifbar, dass er ihr gegenüber zugibt, ein Nichts ohne irgendwelche Eigenschaften zu sein. Sie hat zuerst außer seinem „Sohn" Marcus nichts Interessantes an ihm gefunden und meint: „Ich dachte bei unserer ersten Begegnung, Sie seien ein bisschen leer"[77]. Am Ende gibt er sein alljährliches Ritual auf, alleine Weihnachten zu feiern, und lädt seine Bekannten und Freunde zu sich ein.

---

[69] Vgl. About A Boy, a. a. O. 00:23:00 und 00:45:30
[70] Vgl. Ebenda, 00:50:00
[71] Ebenda, 00:26:30
[72] Ebenda, 01:12:15
[73] Ebenda, 00:49:30
[74] About A Boy, Audiokommentar, a. a. O., 00:46:50
[75] Ebenda, 01:23:05
[76] Ebenda, 00:41:15
[77] About A Boy, a. a. O., 01:08:05

2.3. Sprachanalytischer Vergleich von Buch und Film

2.3.1. Erzähltechnische Analyse

Die Handlung besteht hauptsächlich aus zwei Handlungssträngen, nämlich den Veränderungen von Marcus und Will, welche „in den Kapiteln 9 und 10 zu einer gemeinsamen Geschichte verknüpft"[78] werden. Die beiden Handlungen werden im Buch dadurch voneinander abgegrenzt, indem die Erzählperspektive in jedem Kapitel zwischen diesen beiden Personen wechselt. Durchgehend liegt ein personaler Er-Erzähler vor, was dazu führt, dass der Leser die Gefühle, Gedanken, Wünsche, Meinungen über andere Personen und Erinnerungen der jeweils erzählenden Figur erfährt. Von anderen Personen allerdings weiß er nur das, was diese in Dialogen über sich preisgeben oder was der Erzähler von außen sehen kann[79]. Da man beim Lesen allerdings die zwei Ansichten von Will und Marcus vermittelt bekommt, welche sich teilweise auch widersprechen, hat man die Möglichkeit sich ein umfassendes Bild zu machen und wird so zu einem auktorialen Leser, trotz der personalen Erzählperspektive.

Im Film werden die beiden Erzählperspektiven durch Offkommentare dargestellt[80]. Die Regisseure standen vor dem „Problem, wie man die Erzählstimme vermittelt, von Nick Hornbys exzellenten Dialogen mal abgesehen. Also verwendeten [sie] Offkommentare, aber zweifache Offkommentare, denn [sie] fanden es wichtig, dass das Kind in der Handlung genauso viel wie Hugh [Grant] zu sagen"[81] hat. Das erste Kapitel ist aus Marcus' Sicht geschrieben, was bereits ein Hinweis darauf ist, dass der Schwerpunkt im Roman auf der Geschichte des Jungen liegt. Der Film beginnt mit einer Szene in Wills Haus und auch die weitere Handlung bezieht sich mehr auf den 38-jährigen[82]. Dies lässt sich bereits am Filmtrailer zu „About A Boy" erkennen, in welchem fast ausschließlich Will zu sehen ist[83].

Die Handlung ist durchweg chronologisch erzählt, es finden keine Rückblenden statt; Vergangenes wird mittels Erinnerungen der Protagonisten berichtet. Es gibt also nur eine Zeitebene, aber teilweise Überschneidungen aufgrund der beiden Erzählstränge[84]. Am Ende von Kapitel 32 hört Fiona auf dem Anrufbeantworter eine Nachricht von Marcus von der Polizeiwache in Royston, Kapitel 33 beginnt allerdings erst mit der Zugfahrt nach Cambridge bzw. Royston[85]. Im Buch ist der zeitliche Rahmen von Herbst 1993 bis Sommer 1994, im Film wird keine genaue Zeit angegeben, aber aufgrund von Kleidungsstil und Technologiestand kann man die Handlung in die 1990er Jahre einordnen.

---

78 Ellenrieder, Kathleen, a. a. O., S. 32
79 Vgl. Ebenda, S.36
80 Vgl. Groschwald, Michael, a. a. O., S. 89
81 About A Boy, Audiokommentar, a. a. O., 00:04:35
82 Vgl. Peters, Christoph M., a. a. O., S. 75
83 Vgl. About A Boy, a. a. O., Zusatzmaterial, Trailer
84 Vgl. Peters, Christoph M., a. a. O., S. 49
85 Vgl. Hornby, Nick, a. a. O., S. 284f.

Charakteristisch für den Erzählstil ist die Kontrastierung zwischen inneren Monologen und Aussagen der erzählenden Figur, welche häufig widersprüchlich sind[86]. Dies lässt sich an der Szene zeigen, als Will bei seinen Freunden zu Besuch ist und vorgibt von deren Kindern begeistert zu sein und sich für diese zu interessieren, sich in Gedanken aber eher abwehrend verhält[87]. Auch die Meinungen von Will und Marcus sind oft entgegengesetzt. Beispielsweise findet der Junge, dass Fiona beim Essen mit Will sehr gut angezogen ist, wohingegen der 38-jährige denkt, sie habe ein „albernes Yeti-Kostüm [an. Außerdem möchte Will, dieses Essen] so schnell wie möglich hinter [s]ich bringen, das heißt keine Vorspeise bestellen"[88]. Kontrastierend zu diesem Off-Kommentar bestellt Marcus eine Vorspeise, was bestätigt, dass die Regisseure Voice-Over „als witzigen [...] und ironischen Effekt"[89] eingesetzt haben.

2.3.2. Wortwahl und Sprachniveau

Der Roman thematisiert humorvoll und in „allgemeinverständliche[r], schnörkellose[r] Sprache [...] zeitgenössische soziale Probleme"[90]. Hierbei wird die „durchschnittliche Umgangssprache aus dem London der 1990er-Jahre [, also weder] [...] eine besonders gehobene Sprache noch [...] ein sehr niedriges Sprachniveau"[91] verwendet. Je nach Figur wird die Sprache abgewandelt. Marcus beispielsweise, der als naiv charakterisiert werden kann, spricht ohne Beschönigungen und äußert seine Gedanken und Meinungen direkt. Diese Naivität ist beispielsweise zu erkennen, als Marcus bei Will anruft, um nachzufragen, ob die beiden etwas miteinander unternehmen können. Als sie ein Treffen ausmachen, erinnert er Will daran, dass sie in „Wohnung 2, 31 Craysfield Road, Islington, London N1 2SF [wohnen, worauf Will] England, die Erde, das Universum"[92] hinzufügt. Marcus' Antwort „Ja" ist „die schlichte Antwort eines schlichten Gemüts"[93], was bedeuten soll, dass er die Ironie in Wills Aussage nicht erkennt.

Neben der häufigen Ironie spiegelt sich auch seine oberflächliche Lebensweise und Desinteresse an anderen Menschen in der Sprache des Erwachsenen wider. Er versucht Problemen aus dem Weg zu gehen, was bei der Fahrt zum Krankenhaus deutlich wird, als Megan schreit und Will Marcus bittet, er solle sie beruhigen. Auf Nachfrage des Jungen soll dieser sich selbst ausdenken, wie er dies bewerkstelligen kann[94]. Will möchte sich keine Gedanken darüber machen, wie er Probleme oder Konflikte aus der Welt schaffen kann. Wenn er allerdings in Wut gerät, greift er zu Kraftausdrücken, zum Beispiel als er im Film von Fiona und Christine im Restaurant in die Ecke getrieben wird, da diese wissen wollen, „warum [er]

---

[86] Vgl. Peters, Christoph M., a. a. O., S.47
[87] Vgl. About A Boy, a. a. O., 00:04:12
[88] Ebenda, 00:32:31
[89] About A Boy, Audiokommentar, a. a. O., 00:04:40
[90] Ellenrieder, Kathleen, a. a. O., S. 51
[91] Peters, Christoph M., a. a. O., S. 50
[92] Hornby, Nick, a. a. O., S. 92
[93] Ebenda, S. 92
[94] Vgl. Ebenda, S. 73

zwölfjährige Jungen zu sich in die Wohnung einl[ä]d[t]"[95]. Auf drängende Nachfragen ruft Will „zum Teufel nochmal"[96] aus und bezeichnet Fiona als „dämliche[n] verdammte[n] Hippie"[97]. Deren Aussage, „niemand [sei] eine Insel"[98] und die Bestätigung anderer, berichtigt er aufgebracht, er sei „Ibiza, verdammt nochmal"[99].

2.3.3. Rhetorische Stilmittel

Typisch für Nick Hornby ist „der ausgeprägte Sprachwitz"[100], welcher auch hier häufig in ironischen Wendungen zum Ausdruck kommt und das häufigste rhetorische Stilmittel im Buch wie im Film ist. Paul Weitz meint hierzu, dass „der Witz dieses Romans [...] viel geistreicher [ist] als in den meisten Komödien, die man heute im Kino vorgesetzt bekommt"[101]. Hierfür kann bereits das oben angeführte Beispiel herangezogen werden, aus dem Telefonat zwischen Marcus und Will. Ironie tritt im Buch vor allem zwischen Will und Marcus auf, wobei der Junge diese nicht versteht oder erkennt. Ein weiteres Beispiel für ironische Äußerungen Wills, ist die Behauptung, Suzie und Marcus seien die Ersten, die in seiner Gegenwart „Santa's Super Sleigh" singen würden, wofür Suzie sich entschuldigt[102]. Ein Beispiel aus dem Film ist die Frage „zu dir oder zu mir?"[103] des Erwachsenen, als es darum geht, wo Marcus übernachten kann, da Fiona im Krankenhaus bleiben muss. Diese Aussage stammt aus seinem Wortschatz, welchen er bei seinen Dates verwendet, ist jedoch in diesem Zusammenhang unpassend und wird infolgedessen auch mit einem fragenden Blick von Suzie quittiert.

Nicht nur über die Sprache an sich, sondern auch mithilfe des Schnittes wird im Film Ironie erzeugt. Hierfür lässt sich die Szene zu Beginn des Filmes anführen, als Will von alleinerziehenden Müttern begeistert ist und „fabelhafte, erotische, hinreißende"[104] Frauen erwartet. Einen starken Kontrast zu dieser Erwartung bildet der Schnitt auf die nächste Szene, in welcher Fiona zu sehen ist, welche einen erneuten Depressionsanfall hat und deshalb weint[105].

Vergleichend lässt sich feststellen, dass „der humorvolle, leichte Ton von Hornbys Text im Film gut getroffen"[106] wurde und es in beiden Versionen mehrere unterhaltsame Stellen gibt.

---

95 About A Boy, a. a. O., 00:47:50
96 Ebenda, 00:48:10
97 Ebenda, 00:48:20
98 Ebenda, 00:49:55
99 Ebenda, 00:50:05
100 Peters, Christoph M., a. a. O., S. 50
101 Rebhan, Nana A. T.: *About a Boy – Vom Buch zur Leinwand*; www.arte.tv/de/403808,templateId=noncache.html?node=37890; Erstellt am 20.04.2004; abgerufen am 18.06.2010
102 Vgl. Hornby, Nick, a. a. O., 60f. und vgl. About A Boy, a. a. O., 00:19:50
103 About A Boy, a. a. O., 00:26:04
104 Ebenda, 00:10:20
105 Vgl. Ebenda, 00:10:30 und vgl. About A Boy, Audiokommentar, a. a. O., 00:10:50
106 Peters, Christoph M., a. a. O., S. 78

2.4. Vergleichende Analyse des SPAT-Treffens in Buch und Film

2.4.1. Einordnung der Szene in den Kontext

Am Beispiel einer Szene soll nun genauer analysiert werden, wie die literarische Vorlage in einen Film umgesetzt wurde, wie die sprachlichen Mittel umgesetzt wurden und welche inhaltlichen Schwerpunkte gesetzt wurden. Die Szene wird dadurch eingeleitet, dass Will bei einer Beziehung erkennt, wie sehr ihm die Rolle eines Stiefvaters Spaß macht und er von dem Gefühl beeindruckt ist, eine Frau weinen zu sehen ohne etwas dafür zu können[107]. Seine Ex-Freundin weint, weil sie erkennt, dass er zwar ein „wunderbarer, wunderbarer Mann"[108] sei, sie aber „noch nicht bereit [...] [für] eine neue Beziehung"[109] sei. Will entschließt sich, weitere Beziehungen mit alleinerziehenden Müttern einzugehen, hat allerdings das Problem, dass er nicht weiß, wie er diese finden soll.

2.4.2. Unterschiedliche Darstellung des Inhalts

Im Buch wird nicht erklärt, wie Will auf die Gruppe SPAT kommt, eine Abkürzung für Single Parents Alone Together, also eine Gruppe alleinerziehender Eltern. Im Film ist zu sehen, dass er im Kaufhaus ein Plakat für ein Treffen der Gruppe sieht[110]. Auf dem Weg zum Treffen spricht Will seine Lüge, er sei „allein erziehender Vater [und] habe einen zwei Jahre alten Sohn"[111], vor sich hin, um sich dies selbst glaubhaft zu machen. Im Buch kommt er pünktlich an und denkt, er „h[ä]tte sich mehr oder weniger schon verraten"[112], da er nicht wie die anderen wegen Problemen mit dem Babysitter zu spät kommt. Seine „Nervosität grenzt inzwischen an Panik"[113]. Jedoch sind auch seine weiteren Ängste, entlarvt zu werden unbegründet, da ihm alle Lügen abgenommen werden. Nachdem auch die anderen Mitglieder – allesamt Frauen – eingetroffen sind, fällt sein Interesse auf Suzie und er fragt sie über den Grund ihrer Anwesenheit aus. Hierbei erfährt er, dass sie schwanger von ihrem Ex-Mann betrogen und sitzen gelassen wurde und nun ihre Tochter Megan alleine großzieht. Von Suzie erfährt Will auch die Geschichten der anderen Frauen. Auf Nachfrage ihrerseits behauptet er, auch sitzen gelassen worden zu sein und dass seiner Ex-Frau nicht viel an dem gemeinsamen Sohn Ned liege. Dieser käme jedoch gut damit klar, sei „ein lieber kleiner Kerl [und] sehr tapfer"[114].

Im Film wird das l retten weiter ausgebaut: Hier erzählt jede Frau selbst in der Runde, wieso sie alleinerziehende Mutter ist und warum sie sitzen gelassen wurde. Will berichtet nun sehr detailliert von Ned, wird von den Frauen über seine Ex-Frau ausgefragt und ruft mit der Tatsache, dass er sitzen gelassen wurde, schockierte Reaktionen hervor[115]. Bei einer Frage von Suzie wird sein Interesse an ihr deutlich, da er nur bei ihr den Namen nachfragt. Er ist von

---
107 Vgl. About A Boy, a. a. O., 00:10:10
108 Ebenda, 00:10:02
109 Ebenda, 00:09:47
110 Vgl. Ebenda, 00:13:05
111 Hornby, Nick, a. a. O., S. 42 und vgl. About A Boy, a. a. O., 00:13:30
112 Hornby, Nick, a. a. O., S. 45
113 Peters, Christoph M., a. a. O., S. 12
114 Hornby, Nick, a. a. O., S. 48 und vgl. About A Boy, a. a. O., 00:15:28
115 Vgl. About A Boy, a. a. O., 00:15:02

seiner eigenen Darstellung von Ned gerührt und wird von den anderen Frauen getröstet. Die folgenden Partnerübungen führen Will und Suzie gemeinsam durch und scheinen sich dabei recht gut zu verstehen, was dazu führt, dass Will und sie sich zu einem Date verabreden[116]. Dieses wird im Buch nicht in dieser Szene erwähnt, sondern im nächsten Kapitel aus Wills Sicht, in welchem er dann Marcus kennenlernt.

2.4.3. Kamera- und filmtechnische Umsetzung der Szene

Nach diesem groben Vergleich soll nun detailliert analysiert werden, wie die Szene im Film umgesetzt wurde. Will sieht im Supermarkt das Plakat der SPAT-Gruppe und „meint, er sei auf etwas ganz Fantastisches gestoßen. Deshalb [hat] die Musik [...] einen super-funkmäßigen Klang, wie ein Pornofilm"[117]. In der nächsten Szene ist zu sehen, wie er zu dem Gebäude, in dessen Keller das Treffen stattfindet, geht und sich dabei immer wieder vorsagt, dass er „allein erziehender Vater [mit] eine[m] zwei Jahre alten Sohn"[118] ist. Hierbei macht die Kamera eine Gegenbewegung zu ihm. Während er um die Ecke und in das Haus hineingeht, fährt die Kamera heraus und ihm entgegen. Der nächste Take ist vom unteren Ende der Treppe aus gefilmt[119]. Dies sollte „möglichst gruselig"[120] wirken, was dadurch erzeugt wurde, dass alles sehr dunkel gehalten, Will selbst dunkel gekleidet und im Treppenhaus keine Beleuchtung ist. Dies drückt die Angst aus, die Will davor hat, dass seine Lüge auffliegt.

In der folgenden Szene sitzen die Mitglieder der Gruppe – außer Will nur Frauen – in einem Stuhlkreis und berichten über ihre Vergangenheit. Hierbei wird immer die erzählende Person gezeigt, wobei die Kamera langsam im Kreis weiterfährt. Im Hintergrund gibt es weder Musik noch die Reaktionen der anderen Mitglieder. Als Will an der Reihe ist, realisiert er dies zuerst nicht. Er ist schockiert von den Erlebnissen der Frauen und möchte sich „nach etwa zehn Minuten [...] [s]einen Penis mit einem Küchenmesser abschneiden"[121] Daraufhin sieht man zum ersten Mal die ganze Gruppe, welche aus 13 Frauen – etwa zwischen 30 und 45 Jahren – und Will besteht. Der Raum, die Stadthalle[122], ist trostlos eingerichtet[123] und lässt nichts von Gemütlichkeit aufkommen. Will beschreibt ausführlich „[s]einen zweijährigen Sohn Ned [, welcher in seiner Phantasie] [...] blaue Augen [und] [...] sandfarben[e] Haare hat und] 70 Zentimeter groß"[124] ist, was seine Zuhörer nicht sehr zu interessieren scheint[125]. Außerdem fügt er hinzu, dass er verlassen wurde, was Verwunderung und Interesse der Frauen hervorruft. Will wird zunächst leicht verunsichert und an seinen Reaktionen ist zu erkennen, dass er Angst

---

116 Vgl. Ebenda, 00:16:19
117 About A Boy, Audiokommentar, a. a. O., 00:13:20
118 Hornby, Nick, a. a. O., S. 42 und vgl. About A Boy, a. a. O., 00:13:30
119 Vgl. About A Boy, a. a. O., 00:13:50
120 About A Boy, Audiokommentar, a. a. O., 00:13:50
121 About A Boy, a. a. O., 00:14:17 und vgl. About A Boy, Audiokommentar, a. a. O., 00:13:50 und vgl. Marcia Cevallos: Lorena Bobbits Schicksal setzt Diskussionen über die Situation der Frau in Gang, Deutsche Ausgabe des wöchentlichen Pressedienstes lateinamerikanischer Agenturen Nr. 129 vom 07.02.1994; zitiert nach: http://npla.de/de/poonal/archiv/95; abgerufen am 04.11.2010
122 Vgl. Hedges, Peter; Weitz, Chris; Weitz, Paul, a. a. O., S. 19, Take 28
123 Vgl. Hornby, Nick, a. a. O., S. 45
124 About A Boy, a. a. O., 00:14:40
125 Vgl. Hedges, Peter; Weitz, Chris; Weitz, Paul, a. a. O., S. 20, Take 30

vor einer Entlarvung oder vor einer verräterischen Äußerung seinerseits hat[126]. Er lügt weiter, dass es „ein ziemlich großer Schock [gewesen sei], weil [sie] so glücklich [gewesen sind]"[127]. Allerdings verfehlt er mit seinem weiteren Bericht die Zielgruppe, da er eine genaue Beschreibung des Wagens abgibt, mit dem seine Ex-Frau angeblich abgehauen ist, womit die Frauen wenig anfangen können[128]. Allerdings „scheint [es], als genieße er das Fantasieleben, das er vorgibt"[129] zu haben und erklärt den Frauen, welche Interesse an seiner Vergangenheit haben, Genaueres. Diese Befragung findet ähnlich einem Interview oder Polizeiverhör statt[130]. Suzie fragt nach, ob seine „Exfrau den Jungen manchmal"[131] besuche, woraufhin Will Interesse an ihr zeigt und ihren Namen nachfragt. Hier setzt auch „das musikalische Thema [ein] [...], das auch [Wills] frühere Beziehung mit der Singlemutter begleitet [hat, was] zeig[t], dass er hier wieder auf seinen Lügenmodus schaltet"[132]. Will erklärt nun, dass Ned seine Mutter nur selten sehe, aber gut damit zu recht komme. Allerdings überschätzt er die Intelligenz eines Zweijährigen mit seiner Behauptung, sein Sohn habe ihn mit der Aussage „Lass dich nicht unterkriegen, Dad"[133] aufmuntern wollen. Daher bekommt er auch verwunderte Reaktionen seiner Zuhörerinnen und Suzie äußert, dass dies „phantastisch für einen Zweijährigen"[134] sei, worauf auch die anderen Frauen in einer Halbtotale zu sehen sind, wie sie ihr beipflichten. Bei diesem Wortwechsel wird mit Schuss- und Gegenschuss zwischen Will und Suzie gearbeitet, wobei die beiden, wie alle Personen in der Szene, in Nahaufnahmen gezeigt werden. Will behauptet, er denke manchmal, Ned kümmere sich um ihn und bringe ihm bei „wie es auf der Welt zugeht"[135]. Daraufhin ist gut zu sehen, „wie Hugh hier die Worte ausgehen"[136]. Er ist ergriffen von seinem Auftritt, muss sich Tränen verkneifen und findet sich sehr überzeugend[137].

Im nächsten Take unterziehen sich die Alleinerziehenden beim Dreh improvisierten Vertrauensübungen[138], um sich gegenseitig das Gefühl der Geborgenheit zu geben. Die Kamera fährt an den Paaren vorbei bis sie zu Suzie und Will kommt. Will fängt Suzie auf, welche sich nach hinten fallen lässt und zugibt, dass sie ihm vertraut[139]. Zum Schluss kommen nochmal einmal alle in einem Kreis zusammen und schwören sich zum Zusammenhalt ein, indem sie rufen: „Wir sind einsam und halten zusammen! Alle für Einen und Einer für alle!"[140], was alle sehr freut. Die Improvisation stellt eine eigene Interpretation der Buchvorlage dar, gibt

---

126 Vgl. About A Boy, a. a. O., 00:14:40
127 Ebenda, 00:14:50
128 Vgl. Ebenda, 00:15:00
129 About A Boy, Audiokommentar, a. a. O., 00:15:15
130 Vgl. About A Boy, a. a. O., 00:15:10
131 Ebenda, 00:15:10
132 About A Boy, Audiokommentar, a. a. O., 00:15:30
133 About A Boy, a. a. O., 00:15:40
134 Ebenda, 00:15:45
135 Ebenda, 00:15:50
136 About A Boy, Audiokommentar, a. a. O., 00:15:55
137 Vgl. About A Boy, a. a. O., 00:16:05
138 Vgl. About A Boy, Audiokommentar, a. a. O., 00:16:13
139 Vgl. About A Boy, a. a. O., 00:16:15
140 Ebenda, 00:16:22

dem Film allerdings mehr Bewegung, da es monoton wäre, wenn nur zu sehen wäre, wie jedes Mitglied der Gruppe von seiner Vergangenheit berichtet. Für den Film musste daher die Szene etwas erweitert werden, was allerdings gut in das Gesamtkonzept passt.

3. Bedeutung des Titels „About A Boy"

Abschließend und zusammenfassend soll nun noch auf den Titel und dessen Bedeutung eingegangen werden. Der Titel, der übersetzt „Über einen Jungen" heißt, ist eigentlich falsch gewählt, da es in der Geschichte vielmehr um zwei Jungen geht: Einerseits um Marcus, der eigentlich ein Junge sein sollte, aber von seiner mit der Erziehung überforderten Mutter so sehr eingeschränkt wird, dass er nicht wie ein normaler Teenager scheint, sondern wie der älteste Zwölfjährige der Welt[141]. Im Laufe der Handlung wird er dann mit Wills Hilfe zu einem „richtigen" Teenager.

Der zweite Junge ist Will, welcher seinem Alter nach eigentlich erwachsen sein sollte. Jedoch benimmt er sich nicht wie ein Erwachsener, sondern schreckt recht kindlich vor jeglicher Verantwortung zurück. Auch er entwickelt sich und zwar in viel größerem Maße als Marcus; dies geschieht dank der Beziehung mit Rachel und der Freundschaft zu dem Zwölfjährigen, weshalb er sich zu dem verantwortungsvollen Erwachsenen entwickelt, der er eigentlich sein sollte[142]. Somit gibt es zu jedem Zeitpunkt der Handlung nur einen Jungen, was auch die folgende Grafik verdeutlicht:

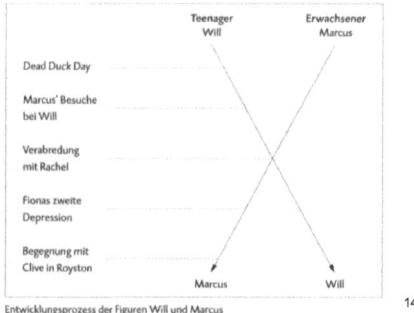

[143]

Es lässt sich also klar feststellen, dass der vermeintlich falsche Titel doch sehr passend ist und die Veränderungen von Will und Marcus sehr gut zusammenfasst.

---

141 Vgl. Hornby, Nick, a. a. O., S. 74
142 Vgl. N. N.: *About A Boy Buchbesprechung*; http://dieterwunderlich.de/Hornby_boy.htm#cont; abgerufen am 19.04.2010
143 Peters, Christoph M., a. a. O., S. 41

4. Quellenangaben und Literaturliste

4.1. Primärliteratur

Hornby, Nick: *About A Boy*, München, Knaur Verlag, 2003

About A Boy, Weitz, Chris und Paul, Großbritannien, Universal Pictures, 2002

4.2. Sekundärliteratur

4.2.1. Buchquellen

Ellenrieder, Kathleen: *Lektüreschlüssel Nick Hornby About A Boy*, Stuttgart, Reclam, 2006

Groschwald, Michael: *EinFach Englisch - Nick Hornby About A Boy*, Paderborn, Schöningh-Verlag, 2005

Hedges, Peter; Weitz, Chris; Weitz, Paul: *The Shooting Script - About A Boy*, Newmarket Press, 2002

Jaeger, Maike: „*About A Boy*" – *Inhaltliche und filmanalytische Betrachtung von Nick Hornbys Werk; Eine Unterrichtsreihe mit Bezug auf Roman und Verfilmung; Studienarbeit*, o. O., GRIN Verlag, 2009

Peters, Christoph M.: Interpretationshilfe Englisch – About A Boy, o. O., Stark Verlagsgesellschaft, 2008

4.2.2. Zeitschriftenquellen

Amend, Christoph und Lebert, Stephan: *Ich denke viel Unsinn*; In: Die Zeit 20/2005 vom 11.05.2005; zitiert nach: http://www.zeit.de/2005/20/Interview_2fHornby_20; abgerufen am 03.10.2010

Beyer, Susanne und Wolf, Martin: *Mir fehlt der Abschaltknopf*; In: Der Spiegel 33/2002 vom 12.08.2002; zitiert nach: www.spiegel.de/spiegel/print/d-23786338.html; abgerufen am 28.06.2010

Cevallos, Marcia: *Lorena Bobbits Schicksal setzt Diskussionen über die Situation der Frau in Gang*; In: Deutsche Ausgabe des wöchentlichen Pressedienstes lateinamerikanischer Agenturen Nr. 129 vom 07.02.1994; zitiert nach: http://npla.de/de/poonal/archiv/95; abgerufen am 04.11.2010

Gorris, Lothar: *Liebe ist nur ein Sport*; In: Der Spiegel 39/1998 vom 21.09.1998; zitiert nach: http://www.spiegel.de/spiegel/print/d-8002873.html; abgerufen am 03.10.2010

Münder, Peter: *Außenseiter mit Happy End – Nick Hornby erzählt von zwei schrägen Vögeln aus London*, in: Spiegel Special 10/1998 vom 01.10.1998; zitiert nach: www.spiegel.de/spiegel/spiegelspecial/d-7026366.html; abgerufen am 28.06.2010

N. N.: *Neue DVDs;* In: KulturSPIEGEL 5/2003 vom 28.04.2003; zitiert nach: http://www.spiegel.de/spiegel/kulturspiegel/d-26949127.html; abgerufen am 03.10.2010

4.2.3. Internetquellen

Ameri-Siemens, Anne: *Im Gespräch: Nick Hornby ‚Dass ich Autor wurde, liegt nur an Frauen';* Süddeutsche Zeitung; 26.08.2009; www.sueddeutsche.de/kultur/im-gespraech-nick-hornby-dass-ich-autor-wurde-liegt-nur-an-frauen-1.174725 und www.sueddeutsche.de/kultur/im-gespraech-nick-hornby-dass-ich-autor-wurde-liegt-nur-an-frauen-1.174725-2; abgerufen am 01.06.2010

French, Philip: *Hugh Fidelity;* Guardian; http://www.guardian.co.uk/film/2002/apr/28/philipfrench; erstellt am: 28.04.2002; abgerufen am 28.08.10

@kue: *Charmant: ‚About A Boy';* Frankfurter Allgemeine Zeitung; www.faz.net/s/Rub070B8E40FAFE40D1A7212BACEE9D55FD/Doc~EDA40D23E535E49109AA2624C48863C3C~ATpl~Ecommon~Scontent.html; erstellt am: 22. August 2002; abgerufen am 29.06.2010

Lang, Bianca: *About a Boy: Hugh Grant in seiner Paraderolle;* Stern; http://www.stern.de/kultur/film/about-a-boy-hugh-grant-in-seiner-paraderolle-278249.html; veröffentlicht: 20. August 2002, 18:39 Uhr; abgerufen: 28.09.2010

N. N.: *FAQ;* Penguin Books LTD; http://www.penguin.co.uk/static/cs/uk/0/minisites/nickhornby/faq/index.html; abgerufen am 01.11.2010

N.N.: *Zur Hölle mit der Ich-AG;* Stuttgarter Zeitung; www.stuttgarter-zeitung.de/stz/page/359083_0_7536_-filmkritik-der-stuttgarter-zeitung-zur-hoelle-mit-der-ich-ag.html; erstellt am: 21.08.2002; abgerufen am: 29.06.2010

Rebhan, Nana A. T.: *About a Boy – Vom Buch zur Leinwand;* www.arte.tv/de/403808,templateId=noncache.html?node=37890; Erstellt am 20.04.2004; Letzte Änderung: 20.08.2002; Abgerufen am 18.06.2010

Rudert, Franziska: *About A Boy;* www.filmkritiken.org/index.php?id=112; abgerufen am 29.06.2010

Schlömer, Thomas: *Kritik - About A Boy;* http://filmspiegel.de/filme/filme.php?id=111; abgerufen am 20.10.2010

Wunderlich, Dieter: *About A Boy;* http://dieterwunderlich.de/Hornby_boy.htm#cont; abgerufen am 19.04.2010

Wunderlich, Dieter: *About A Boy Buchbesprechung;* http://dieterwunderlich.de/Hornby_boy.htm#cont; abgerufen am 19.04.2010